公路工程检测技术实训指导书

王志洁　主　编

黄 河 水 利 出 版 社
·郑 州·

内 容 提 要

公路工程试验检测技术实训是公路工程检测技术课程的一个重要组成部分。本书共有8个实训,分别为EDTA滴定测定水泥或石灰剂量、回弹仪检测水泥混凝土强度试验方法、灌砂法测土的压实度、3 m直尺测定平整度、连续式平整度仪测定平整度、手工铺砂法测定路面构造深度、摆式仪测定路面摩擦系数、沥青路面渗水试验方法。

本书适用于高等职业教育道路与桥梁工程、建筑工程技术、工程监理等相关专业的教学,同时也可作为相关专业技术人员的参考用书。

图书在版编目(CIP)数据

公路工程检测技术实训指导书/王志洁主编. —郑州:黄河水利出版社,2013.7

(高职高专工程实训系列丛书)

ISBN 978-7-5509-0477-4

Ⅰ.①公… Ⅱ.①王… Ⅲ.①道路工程-检测-高等职业教育-教材 Ⅳ.①U41

中国版本图书馆CIP数据核字(2013)第091884号

组稿编辑:王文科　电话:0371-66025273　E-mail:wwk5257@163.com

出 版 社:黄河水利出版社

地址:河南省郑州市顺河路黄委会综合楼14层　邮政编码:450003

发行单位:黄河水利出版社

发行部电话:0371-66026940、66020550、66028024、66022620(传真)

E-mail:hhslcbs@126.com

承印单位:河南省瑞光印务股份有限公司

开本:787 mm×1 092 mm　1/16

印张:2.25

字数:55千字　印数:1—3 000

版次:2013年7月第1版　印次:2013年7月第1次印刷

定价:6.80元

前 言

工程实训是道桥、建筑等专业的主干实践课程。近年来,工程建设领域科学技术的快速发展,使得工程实训也进入了突飞猛进的发展阶段。许多实训的检测标准、规范,特别是新出的实训标准,都发生了一定程度的变化。为了使学生的学习内容贴近生产实际,体现高等职业教育的特点和优势,满足新技术、新工艺、新规范的要求,我们编写了本套实训教材。本套教材在介绍日益变得先进的传统实训方法的同时,还介绍了当前具有广泛应用价值和前景的新的实训方法。在编写中,力求做到理论联系实际,注重科学性、实用性和针对性,采用了国家和相关部委发布的最新标准规范,如《公路工程岩石试验规程》(JTG E41—2005)、《公路工程集料试验规程》(JTG E42—2005)、《公路工程水泥及水泥混凝土试验规程》(JTG E30—2005)、《公路沥青路面施工技术规范》(JTG F40—2004)、《公路水泥混凝土路面施工技术规范》(JTG F30—2003)、《混凝土结构工程施工质量验收规范》(GB 50204—2002)、《普通混凝土配合比设计规程》(JGJ 55—2011)、《公路工程沥青及沥青混合料试验规程》(JTJ 052—2000)等。

本套教材具有以下特点:

(1)贯彻了国家和相关部委发布的最新的行业标准规范,保证了实效性,使教学与实际紧密结合。

(2)为突出高等职业教育的特点,本套实训教材的编写班子以双师型教师为主,并吸收了部分企业的技术人员参加教材的编、审工作,使教材更贴近实际,更能反映工程建设中最新的技术、工艺和方法。

(3)不追求内容的系统性和完整性,以够用、实用为原则,以实际操作为主。强化了实践教学,重点培养学生的动手能力和思维方法。

(4)以学生好学、教师上课方便为宗旨,将教学改革成果引入到教材中,力争为一线教师提供较全面的、立体化的教材。

(5)在教材内容的选取上,以三年制教学为主,也充分考虑了两年制教学的要求,可供三年制和两年制教学使用。

本套教材由郑州交通职业学院组织编写,具体编写人员如下:范兵、韩娟、王志洁、董庆伟、王一文、梁胜军。

由于我国工程实训方法快速发展,新方法、新工艺不断出现,且由于编写时间仓促,编者的水平有限,不妥与疏漏之处在所难免,恳请读者批评指正。

编 者

2013 年 2 月

目　录

实训一　EDTA 滴定测定水泥或石灰剂量

一、目的和使用范围

(1)本试验方法适用于在工地快速测定水泥和石灰稳定土中水泥及石灰的剂量,并可用以检查拌和的均匀性。用于稳定的土可以是细粒土,也可以是中粒土和粗粒土。工地水泥和石灰稳定土含水量的少量变化(±2%),实际上不影响测定结果。用本方法进行一次剂量测定,只需 10 min 左右。

(2)本方法也可以用来测定水泥和石灰稳定土中结合料的剂量。

二、仪器设备

(1)滴定管(酸式):50 mL,1 支。

(2)滴定台:1 个。

(3)滴定管夹:1 个。

(4)大肚移液管:10 mL,10 支。

(5)锥形瓶(三角瓶):200 mL,20 个。

(6)烧杯:2 000 mL(或 1 000 mL),1 只;300 mL,10 只。

(7)容量瓶:1 000 mL,1 个。

(8)搪瓷杯:容量大于 1 200 mL,10 只。

(9)搅拌棒:不锈钢棒(或粗玻璃棒),10 根。

(10)量筒。

(11)托盘天平。

(12)秒表。

(13)研钵。

(14)毛刷、去污粉、吸水管、塑料勺。

三、试验步骤

(1)选取有代表性的水泥土或石灰土混合料,称 300 g 放在搪瓷杯中,用搅拌棒将结块搅散,加 600 mL 10% 的 NH_4Cl 溶液,然后如前述步骤那样进行试验。

(2)利用所绘制的标准曲线,根据所消耗的 EDTA 二钠标准液毫升数,确定混合料中的水泥或石灰剂量。

四、注意事项

(1)每个样品搅拌的时间、速度和方法应力求相同,以增加试验的精度。

(2)作标准曲线时,如工地实际水泥剂量较大,素集料和低剂量水泥的试样可以不做,而直接用较高的剂量做试验,但应有两种剂量大于实用剂量以及两种剂量小于实用剂量。

(3)配制的 NH_4Cl 溶液最好当天用完，不要放置过久，以免影响试验的精度。

五、报告

报告应包括以下内容：

(1)混合料名称。

(2)试验方法名称。

(3)试验数量 n。

(4)试验结果的极小值和极大值。

(5)试验结果的平均值。

(6)试验结果的标准。

(7)试验结果的偏差系数 C_v。

实训报告一

日期:________ 班级:________ 组别:________ 姓名:________ 学号:________

实训题目	水泥剂量测定试验			成绩	
实训目的					
主要仪器					
取样地点		混合料名称		试验日期	

说明:混合料重 300 g,每份料用 600 mL 10% 的 NH_4Cl 溶液稀释,10 mL 混合料悬浮液,50 mL 1.8% 的 NaOH 溶液。

	干灰含量	EDTA 耗量(mL)				
		初读数	末读数	耗量	平均	
标准曲线标定	0%					
	2%					
	4%					
	6%					
	8%					

试验序号	取样位置	ETDA 二钠标准液用量(0.1 mL)			水泥剂量(%)	平均值 $\bar{x}$	统计结果
		初读数	末读数	数量			
1							平均值 $\bar{x}=$ 标准差 $s=$ 偏差系数 $C_v=$
2							
3							
4							
5							
6							
7							
8							

实训总结:

实训二　回弹仪检测水泥混凝土强度试验方法

一、目的与适用范围

(1)本方法适用于在现场对水泥混凝土路面及其他构筑物的普通混凝土抗压强度进行快速评定,所试验的水泥混凝土厚度不得小于100 mm,温度应不低于10 ℃。

(2)回弹法试验可作为试块强度的参考,不得用于代替混凝土的强度评定,不适于作为仲裁试验或工程验收的最终依据。

二、仪器与材料

(1)混凝土回弹仪:指针直读式的混凝土回弹仪(见图2-1),回弹仪应符合下列标准:

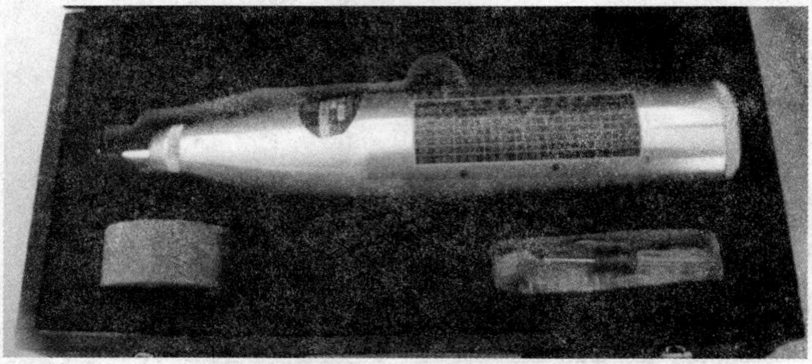

图2-1　混凝土回弹仪

①水平弹击时,在弹击锤脱钩的瞬间,回弹仪的标称动能应为20 207 J。

②弹击锤与弹击杆碰撞的瞬间,弹击拉簧处于自由状态,此时弹击锤起点应位于刻度尺的零点处。

③在洛氏硬度为HRC60±2的钢贴上,回弹仪的率定值应为80±2。

(2)酚酞酒精溶液,浓度为1%。

(3)手提式砂轮。

(4)钢贴:洛氏硬度HRC60±2。

(5)其他:卷尺、钢尺、凿子、锤、毛刷等。

三、试验步骤

(1)测区和测点布置。

(2)回弹值测定。

(3)碳化深度测定。

(4)计算。

①将一个测区的16个测点的回弹值,去掉3个较大值及3个较小值,将其余10个回弹

值按下式计算测区平均回弹值：

$$\overline{N}_s = (\sum N_i) \div 10$$

式中 $\overline{N}_s$——测区平均回弹值，准确至0.1；

N_i——第 i 个测点的回弹值。

②当回弹仪非水平方向测试混凝土浇筑侧面时，应根据回弹仪轴线与水平方向的角度将测得的数据进行修正，计算非水平方向测定的修正回弹值。当测定水泥混凝土路面为向下垂直方向时，测试角度为 −90°，回弹修正值 ΔN 如表 2-1 所示。

$$\overline{N} = \overline{N}_s + \Delta N$$

式中 $\overline{N}$——经非水平方向测定修正的测区平均回弹值；

$\overline{N}_s$——回弹值实测的测区平均回弹值；

ΔN——非水平方向测定的回弹修正值，准确至0.1。

表 2-1 非水平方向测定的回弹修正值

$\overline{N}_s$	与水平方向所成的角度							
	+90°	+60°	+45°	+30°	−30°	−45°	−60°	−90°
20	−6.0	−5.0	−4.0	−3.0	+2.5	+3.0	+3.5	+4.0
30	−5.0	−4.0	−3.5	−2.5	+2.0	+2.5	+3.0	+3.5
40	−4.0	−3.5	−3.0	−2.0	+1.5	+2.0	+2.5	+3.0
50	−3.5	−3.0	−2.5	−1.5	+1.0	+1.5	+2.0	+2.5

③碳化深度的计算方法：

$$L = \frac{1}{n}\sum_{i=1}^{n} L_i$$

式中 L——碳化深度，mm；

L_i——第 i 测点的碳化深度，mm；

n——测点数。

当碳化深度值小于或等于0.4 mm时，按无碳化处理（即平均碳化深度为0）；当碳化深度值等于或大于6.0 mm时，取6.0 mm；对新浇混凝土龄期不超过3个月者，可视为无碳化。

四、混凝土强度计算

（1）当需要将回弹值换算为混凝土强度时，宜采用下列方法。

（2）有试验条件时，宜通过试验建立实际的测强曲线，但测强曲线仅适用于材料质量、成型、养护和龄期等条件基本相同的混凝土。混凝土标准试块为15 cm×15 cm×15 cm，分别采用1.5、1.75、2、2.25、2.50五个灰水比，以便得到不少于30对数据。试件与被测对象有相同的养护条件，到达龄期后，将试块用压力机压至30～50 kN稳定，用回弹仪在两侧面分别测定8个测点求平均回弹值，然后进行抗压强度试验，用最小二乘法建立两者相关关系的推定式，推定式可为直线式或其他适当的形式，但相关数不得小于0.90。最后，根据测区平均回弹值利用测强曲线推定混凝土抗压强度。

(3)当无足够的试验数据或对相关关系的推定式不够满意时，可按下式推算混凝土抗压强度：

$$R_n = 0.025\,\overline{N}^2$$

式中　R_n——水泥混凝土的抗压强度，MPa；

$\overline{N}$——测区混凝土平均回弹值。

五、报告

(1)测区混凝土平均回弹值。

(2)测强曲线，回弹值与抗压强度的相关关系式、相关系数。

(3)各测区的抗压强度推定结果。

(4)推定的混凝土抗压强度的平均值、标准值、变异系数。

实训报告二

日期:________ 班级:________组别:________ 姓名:________学号:________

实训题目	回弹仪检测水泥混凝土强度试验方法												成绩					
主要仪器																		
实训目的																		
回弹仪型号																		
测区																		
实训总结:																		

实训三　灌砂法测土的压实度

一、灌砂法的适用范围

灌砂法适用于在现场测定基层(底基层)、砂石路面及路基土的各种材料压实层的密度和压实度,也适用于沥青表面处治、沥青贯入或路面密度检测,但不适用于填石路堤等有大孔洞或大孔隙材料的压实度检测。

二、灌砂法的基本原理

灌砂法的基本原理是利用粒径 0.30 ~ 0.60 mm 或 0.25 ~ 0.50 mm 清洁干净的均匀砂,从一定高度自由下落到试洞内,按其单位重不变的原理来测量试洞的容积(即用标准砂来置换试洞中的集料),并根据集料的含水量推算出试样的实测干密度。

三、采用灌砂法应符合的规定

(1)当集料的最大粒径小于 15 mm、测定层的厚度不超过 150 mm 时,宜采用Φ100 mm 的小型灌砂筒测试。

(2)当集料的粒径等于或大于 15 mm,但不大于 40 mm,测定层的厚度超过 150 mm,但不超过 200 mm 时,应用Φ150 mm 的大型灌砂筒测试。

四、仪器与材料

(1)灌砂筒:灌砂筒筒底中心有一个圆孔,下部装一倒置的圆锥形漏斗,漏斗上端开口,直径与灌砂筒的圆孔相同。漏斗焊接在一块铁板上,铁板中心有一圆孔与漏斗上开口相接。灌砂筒筒底与漏斗之间设有开关。开关铁板上也有一个相同直径的圆孔(见图 3-1)。

图 3-1　灌砂筒

(2)金属标定罐:用薄铁板制作的金属罐,上端周围有一罐缘。

(3)基板:用薄铁板制作的金属方盘,盘的中心有一圆孔。

(4)玻璃板:边长 500 ~ 600 mm 的方形板。

(5)试样盘:小筒挖出的试样可用铝盒存放,大筒挖出的试样可用 300 mm × 500 mm × 40 mm 的搪瓷盘存放。

(6)天平或台秤：称量 10 ~ 15 kg，感量不大于 1 g，用于含水量测定的天平精度，对细粒土、中粒土、粗粒土宜分别为 0.01 g、0.1 g、1.0 g。

(7)含水量测定器具：如铝盒、烘箱等。

(8)量砂：粒径 0.30 ~ 0.60 mm 及 0.25 ~ 0.50 mm，清洁、干燥、均匀，约 2 040 g，使用前须洗净、烘干，并放置足够长的时间，使其与空气的湿度达到平衡。

(9)盛砂的容器：塑料桶等。

(10)其他：凿子、改锥、铁锤、长把勺、小簸箕、毛刷等。

五、试验方法与步骤

(一)标定筒下部圆锥体内砂的质量

(1)在灌砂筒口高度上，向灌砂筒内装砂至距筒顶 15 mm 左右为止。称取装入筒内砂的质量 m_1，准确至 1 g。以后每次标定及试验都应该维持装砂高度与质量不变。

(2)将开关打开，让砂自由流出，并使流出砂的体积与工地所挖试坑内的体积相当(可等于标定罐的体积)，然后关上开关，称灌砂筒内剩余砂质量 m_3，准确至 1 g。

(3)不晃动灌砂筒的砂，轻轻地将灌砂筒移至玻璃板上，将开关打开，让砂流出，直到筒内砂不再下流时，将开关关上，并细心地取走灌砂筒。

(4)收集并称量留在板上的砂或称量筒内的砂，准确至 1 g。玻璃板上的砂就是填满锥体的砂 m_2。

(5)重复上述测量三次，取其平均值。

(二)标定量砂的密度 ρ_s(g/cm³)

(1)用水确定标定罐的容积 V，准确至 1 mL。

(2)在灌砂筒中装入质量为 m_1 的砂，将灌砂筒放在标定罐上，将开关打开，让砂流出，在整个流砂过程中，不要碰动灌砂筒，直到砂不再下流时，将开关关闭。取下灌砂筒，称取筒内剩余砂的质量 m_3，准确至 1 g。

(3)按下式计算填满标定罐所需砂的质量 m_a：

$$m_a = m_1 - m_2 - m_3$$

式中 m_a——标定罐中砂的质量，g；

m_1——装入灌砂筒内的砂的总质量，g；

m_2——灌砂筒下部圆锥体内砂的质量，g；

m_3——灌砂入标定罐后，筒内剩余砂的质量，g。

(4)重复上述测量三次，取其平均值。

(5)按下式计算量砂的单位质量：

$$\gamma_s = \frac{m_a}{V}$$

式中 γ_s——量砂的单位质量，g/cm³；

V——标定罐的体积，cm³。

(三)试验步骤

(1)在试验地点，选一块平坦表面，将其清扫干净，其面积不得小于基板面积。

(2)将基板放在平坦表面上。当表面的粗糙度较大时，则将盛有量砂 m_5 的灌砂筒放在基板中间的圆孔上,将灌砂筒的开关打开,让砂流入基板的中孔内,直到灌砂筒内的砂不再下流时,关闭开关。取下灌砂筒,称量筒内砂的质量 m_6,准确至 1 g。当需要检测厚度时,应先测量厚度后再进行这一步骤。

(3)取走基板,将留在试验地点的量砂收回,重新将表面清扫干净。

(4)将基板放回清扫干净的表面上(尽量放在原处),沿基板中孔凿洞(洞的直径与灌砂筒一致)。在凿洞过程中,应注意勿使凿出的材料丢失,并随时将凿出的材料取出装入塑料袋中,不使水分蒸发,也可放在大试样盒内。试洞的深度应等于测定层厚度,不得有下层材料混入,最后将洞内的全部凿松材料取出。对土基或基层,为防止试样盘内材料的水分蒸发,可分几次称取材料的质量。全部取出材料的总质量为 m_w,准确至 1 g。

(5)从挖出的全部材料中取出有代表性的样品,放在铝盒或洁净的搪瓷盘中,测定其含水量(ω,以%计)。样品的数量如下:用大灌砂筒测定时,对于细料土,不少于 200 g;对于各种中粒土,不少于 100 g;对于各种中粒土,不少于 500 g。用大灌砂筒测定时,对于细料土,不少于 200 g;对于各种中粒土,不少于 100 g;对于粗粒土或水泥、石灰、粉煤灰等无极结合料稳定材料,宜将取出的全部材料烘干,且不少于 2 000 g,称其质量 m_d,准确至 1 g。当为沥青表面处置或沥青贯入结构类材料时,则省去测定含水量步骤。

(6)将基板安放在试坑上,将灌砂筒安放在基板中间(灌砂筒内放满砂质量 m_1),使灌砂筒的下口对准基板的中孔及试洞,打开灌砂筒的开关,让砂流入试坑内,在此期间,应注意勿碰动灌砂筒。直到灌砂筒内的砂不再下流时,关闭开关。小心取走灌砂筒,并称量筒内剩余砂的质量 m_4,准确到 1 g。

(7)挖好试洞将灌砂筒直接对准放在试坑上,中间不需要放基板。打开筒的开关,让砂流入试坑内。在此期间,应注意勿碰动灌砂筒。直到灌砂筒内的砂不再下流时,关闭开关,小心取走灌砂筒,并称量剩余砂的质量 m_4',准确至 1 g。

六、计算

(1)计算填满试坑所用的砂的质量 m_b:

灌砂时,试坑上放有基板时:

$$m_b = m_1 - m_4' - (m_5 - m_6)$$

(2)计算试坑材料的湿密度 ρ_w:

$$\rho_w = \frac{m_w}{m_b \gamma_s}$$

(3)计算试坑材料的干密度 ρ_d:

$$\rho_d = \frac{\rho_w}{1 + 0.01\omega}$$

式中 ω——试坑材料的含水量(%)。

(4)水泥、石灰、粉煤灰等无极结合料稳定土,可按下式计算干密度 ρ_d:

$$\rho_d = \frac{m_d}{m_b \gamma_s}$$

式中 m_d——试坑中取出的稳定土的烘干质量,g。

实训报告三

日期：________班级：________组别：________ 姓名：________ 学号：________

实训题目	压实度检测记录表(灌砂法)				成绩	
实训目的						
主要仪器						
砂来源		粒径范围		试验日期		
灌砂筒编号		灌砂筒直径		水密度 ρ_w =		
试验单位						

标定罐体积	标定罐重(g)	(1)							
	标定罐+玻璃板重(g)	(2)							
	标定罐+玻璃板+水重(g)	(3)							
	标定罐体积(cm^3)(4)=(3)-(2)/ρ_w(4)	(4)							
	平均体积(cm^3)	(5)							
锥体砂重	灌砂前(筒+砂)重(g)	(6)							
	灌砂至标定罐满后关闭(筒+砂)重(g)	(7)							
	灌砂至玻璃板后,玻璃板上砂重(g)	(8)							
	锥体砂重(g)(9)=(8)	(9)							
	平均锥体砂重(g)(10)	(10)							
砂密度	灌砂前(筒+砂)重(g)	(11)							
	灌砂后(筒+砂)重(g)	(12)							
	标定罐砂重(g)(13)=(11)-(12)-(8)	(13)							
	砂密度(g/cm^3) (14)=(13)/(5)	(14)							
	平均砂密度(g/cm^3)	(15)							
结果	锥体砂重： (g)		砂密度： (g/cm^3)						

实训总结：

实训报告四

日期：________ 班级：________ 组别：________ 姓名：________ 学号：________

实训题目	灌砂法压实度检测			成绩			
实训目的							
主要仪器							
层次		锥体内砂重(g)		标准砂密度 ρ_s(g/cm^3)			
		最优含水量(%)：			要求压实度(%)：		
序号	试验项目公式	试验位置(桩号)					
(1)	灌砂前筒+砂重(g)						
(2)	灌砂后筒+砂重(g)						
(3)	灌入试坑砂重(g)(1)-(2)						
(4)	试坑体积(cm^3)(3)/ρ_s						
(5)	湿试样重(g)						
(6)	湿密度(g/cm^3) (5)/(4)						
(7)	盒号						
(8)	盒重(g)						
(9)	盒+湿土重(g)						
(10)	盒+干土重(g)						
(11)	干土重(g) (10)-(8)						
(12)	水重(g) (9)-(10)						
(13)	含水量(%)(12)/(11)×100%						
(14)	平均含水量(%)						
(15)	干密度(g/cm^3) (6)/(1+0.01ω)						
(16)	最大干密度(g/cm^3)						
(17)	压实度(%)(15)/(16)×100%						
(18)	压实层厚度(cm)						

实训总结：

实训四　3 m 直尺测定平整度

一、试验目的和适用范围

(1)本方法规定用 3 m 直尺测定距离路表面的最大间隙表示路基路面的平整度，以 mm 计。

(2)本方法适用于测定压实成型的路面各层表面的平整度，以评定路面的施工质量及使用质量，也可用于路基表面成型后的施工平整度检测。

二、仪器与材料

(1)3 m 直尺：硬木或铝合金钢制，底面平直，长 3 m。

(2)楔形塞尺：木或金属制的三角形塞尺，有手柄(见图 4-1)。塞尺的长度与高度之比不小于 10，宽度不大于 15 mm，边部有高度标记，刻度精度不小于 0.2 mm。

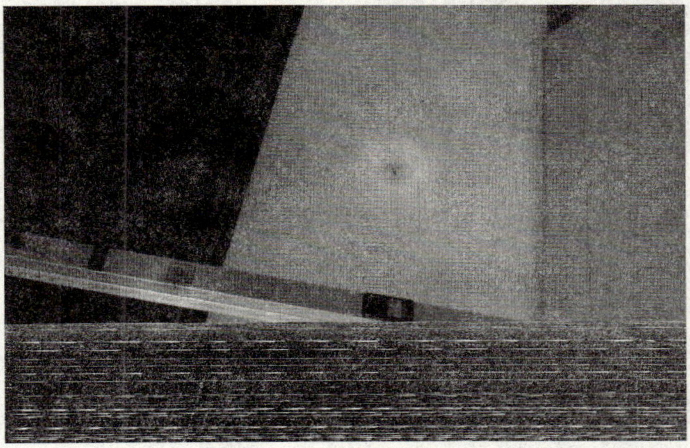

图 4-1　楔形塞尺

(3)皮尺或钢尺、粉笔等。

三、准备工作

(1)选择测试路段。

(2)在测试路段路面上选择测试地点：当为施工过程中质量检测需要时，测试地点根据需要确定，可以单杆检测；当为路基路面工程质量检查验收或进行路况评定时，应连续测量 10 尺。除特殊需要者外，应以行车道一侧车轮轮迹(距车道线 80 ~ 100 cm)作为连续测定的标准位置，对旧路已形成车辙的路面，应取车辙中间位置为测定位置，用粉笔在路面上作好标记。

(3)清扫路面测定位置处的污物。

四、测试步骤

(1)在施工过程中检测时,按根据需要确定的方向,将 3 m 直尺摆放在测试地点的路面上。

(2)目测 3 m 直尺底面与路面之间的间隙情况,确定间隙为最大的位置。

(3)用有高度标线的塞尺塞进间隙处,量记其最大间隙的高度(mm),准确至 0.2 mm。

(4)施工结束后检测时,每 1 处连续检测 10 尺,按上述的三步测记 10 个最大间隙。

五、数据处理与评定

单尺检测路面的平整度计算,以 3 m 直尺与路面的最大间隙为测定结果;连续测定 10 尺时,判断每个测定值是否合格,根据要求计算合格百分率,并计算 10 个最大间隙的平均值。

$$合格率(\%)=合格尺数/总测尺数\times 100\%$$

单尺检测应随时记录测试位置及检测结果。连续测定 10 尺时,应报告平均值、不合格尺数、合格率。

实训报告五

日期：________班级：________组别：________姓名：________ 学号：________

实训题目	3 m 直尺平整度检测							成绩			
实训目的											
主要仪器											
起讫桩号	实测值（mm）										备注
	最大值			最小值			标准值				
小于标准值的点数				合格率							

实训总结：

实训五 连续式平整度仪测定平整度

一、目的和适用范围

(1)本方法规定用连续式平整度仪量测路面的不平整度的标准差(σ),以表示路面的平整度,以 mm 计。

(2)本方法适用于测定路表面的平整度,评定路面的施工质量和使用质量,但不适用于在已有较多坑槽、破损严重的路面上测定。

二、仪器与材料

(1)连续式平整度仪(见图 5-1):除特殊情况外,连续式平整度仪的标准长度为 3 m,其质量应符合仪器标准的要求。中间为一个 3 m 长的机架,机架可缩短或折叠,前后各有 4 个行走轮,前后两组轮的轴间距离为 3 m。机架中间有一个能起落的测定轮。机架上装有蓄电池电源及可拆卸的检测箱,检测箱可采用显示、记录、打印或绘图等方式输出检测结果。测定轮上装有位移传感器、距离传感器等检测器,自动采集位移数据时,测定间距为 10 cm,每一计算区间的长度为 100 m,输出一次结果。当为人工检测、无自动采集数据及计算功能时,应能记录测试曲线。机架头装有一牵引钩及手拉柄,可用人力或汽车牵引。

图 5-1 连续式平整度仪

(2)牵引车:小面包车或其他小型牵引汽车。

(3)皮尺或测绳。

三、准备工作

(1)选择测试路段路面测试地点。

(2)在测试路段路面上选择测试地点:当为施工过程中质量检测需要时,测试地点根据需要确定,可以单杆检测;当为路基路面工程质量检查验收或进行路况评定时,应连续测量 10 尺。除特殊需要者外,应以行车道一侧车轮轮迹(距车道线 80 ~ 100 cm)作为连续测定的标准位置,对旧路已形成车辙的路面,应取车辙中间位置为测定位置,用粉笔在路面上作好标记。

四、试验步骤

(1)将连续式平整度仪置于测试路段起点上。

(2)在牵引汽车的后部,将连续式平整度仪的挂钩挂上后,放下测定轮,启动检测器及记录仪,随即启动汽车,沿道路纵向行驶,横向位置保持稳定,并检查平整度检测仪表上测定数字显示、打印、记录的情况。如检测设备中某项仪表发生故障,即停车检测。牵引平整度仪的速度应均匀,速度宜为 5 km/h,最大不得超过 12 km/h。

在测试路段较短时,亦可用人力拖拉平整度仪测定路面的平整度,但拖拉时应保持匀速前进。

五、数据的处理

(1)连续式平整度测定仪测定后可按每 10 cm 间距采集的位移值自动计算 100 m 计算区间的平整度标准差,还可记录测试长度、曲线振幅大于某一定值(3 mm、5 mm、8 mm、10 mm 等)的次数、曲线振幅的单向(凸起或凹下)累计值及以 3 m 机架为基准的中点路面偏差曲线图,并打印输出。当为人工计算时,在记录曲线上任意设一基准线,每隔一定距离(宜为 1.5 m)读取曲线偏离基准线的偏离位移值 d_i。

(2)每一计算区间的路面平整度以该区间测定结果的标准差表示,其计算公式为

$$\sigma_i = \sqrt{\frac{\sum d_i^2 - (\sum d_i)^2/N}{n-1}}$$

式中 σ_i——各计算区间的平整度计算值,mm;

d_i——以 100 m 为一个计算区间,每隔一定距离(自动采集间距为 10 cm,人工采集间距为 1.5 m)采集的路面凹凸偏差位移值,mm;

N——计算区间用于计算标准差的测试数据个数。

(3)计算一个评定路段内各区间平整度标准差的平均值、标准差、变异系数。

六、报告

报告每一个评定路段内各测定区间的平整度标准差、各评定路段平整度的平均值、标准差、变异系数及不合格区间数。

实训报告六

日期:________班级:________组别:________姓名:________学号:________

实训题目	连续式平整度仪测定平整度				成绩	
实训目的						
主要仪器						
评定路端桩	计算区间桩号	σ(mm) IRI(m/km)	测试点 N	振幅大于(mm)点数	振幅累计值(mm)	备注
						测试区间数: 标准差 σ 合格数: 合格率:

实训总结:

实训六　手工铺砂法测定路面构造深度

一、目的与使用范围

本方法适用于测定沥青路面及水泥混凝土路面表面的构造深度，用以评定路面表面的宏观粗糙度、排水性能及抗滑性能。

二、仪器与材料

（1）人工铺砂仪：由量砂筒、推平板组成。

①量砂筒（见图6-1）：一端是封闭的，容积为(25 ±0.15)mL，可通过称量砂筒中水的质量以确定其容积 V 并调整其高度，使容积符合要求，带一专门的刮尺将筒口量砂刮平。

图6-1　量砂筒

②推平板：应为木制或铝制，直径50 mm，底面粘一层厚1.5 mm的橡胶片，上面有一圆柱把手。

③刮平尺：可用30 cm钢尺代替。

（2）量砂：足够数量的干燥洁净的匀质砂，粒径为0.13 ~0.15 mm。

（3）量尺：钢板尺、钢卷尺。

（4）其他：装砂容器、扫帚或毛刷、挡风板等。

三、准备工作

（1）量砂准备：取洁净的细砂晾干、过筛，取0.15 ~0.3 mm的砂置适当的容器中备用。量砂只能在路面上使用一次，不宜重复使用。回收砂必须经干燥、过筛处理后方可使用。

（2）对测试路段按随机取样选点的方法，确定测点所在横断面位置。测点应选在行车道的轮迹带上，距路面边缘不应小于1 m。

四、试验步骤

(1)用扫帚或毛刷子将测点附近的路面清扫干净,面积不小于 30 cm×30 cm。

(2)用小铲向圆筒中注满砂,手提圆筒上方,在硬质路面上轻轻地叩打 3 次,使砂密实,补足砂面用钢尺一次刮平。不可直接用量砂筒装砂,以免影响砂密度的均匀性。

(3)将砂倒在路面上,用底面粘有橡胶片的推平板,由里向外重复做摊铺运动,稍稍用力将砂细心地尽可能地向外摊铺,使砂填入凹凸不平的路表面的空隙中,尽可能将砂摊成圆形并不得在表面上留有浮动余砂。注意摊铺时不可用力过大或向外推挤。

(4)用钢板尺测量所构成圆的两个垂直方向的直径,取其平均值,准确至 5 mm。

(5)按以上方法,同一处平衡测定不少于 3 次,3 个测点均位于轮迹带上,测点间距 3 ~ 5 m。该处的测点位置以中间测点的位置表示。

五、数据处理

(1)路面表面构造深度测定结果计算方式:

$$TD = \frac{1\ 000V}{\frac{\pi D^2}{4}} = \frac{31\ 831}{D^2}$$

式中 TD——路面表面构造深度,mm;

V——砂的体积,25 cm^3;

D——摊平砂的平均直径,mm。

(2)每一处均取 3 次路面构造深度的测定结果的平均值作为试验结果,准确至 0.1 mm。

(3)计算每一个评定区间路面构造深度的平均值、标准差、变异系数。

六、报告

(1)报告路面构造深度的测定值及 3 次测定的平均值,当平均值小于 0.2 mm 时,试验结果以 <0.2 mm 表示。

(2)每一个评定区间路面构造深度的平均值、标准差、变异系数。

实训报告七

日期：________班级：________组别：________姓名：________学号：________

<table>
<tr><td>实训题目</td><td colspan="4">手工铺砂路面构造深度检测</td><td>成绩</td><td></td></tr>
<tr><td>实训目的</td><td colspan="6"></td></tr>
<tr><td>主要仪器</td><td colspan="6"></td></tr>
<tr><td>路面结构形式</td><td colspan="2"></td><td colspan="4">$TD = 31\ 831/D^2$</td></tr>
<tr><td rowspan="2">测点位置或桩号</td><td colspan="3">圆直径 D(mm)</td><td rowspan="2">构造深度 TD（mm）</td><td rowspan="2">平均构造深度 TD(mm)</td><td rowspan="2">备注</td></tr>
<tr><td>1</td><td>2</td><td>平均值</td></tr>
<tr><td rowspan="3"></td><td></td><td></td><td></td><td></td><td rowspan="3"></td><td rowspan="3"></td></tr>
<tr><td></td><td></td><td></td><td></td></tr>
<tr><td></td><td></td><td></td><td></td></tr>
<tr><td rowspan="3"></td><td></td><td></td><td></td><td></td><td rowspan="3"></td><td rowspan="3"></td></tr>
<tr><td></td><td></td><td></td><td></td></tr>
<tr><td></td><td></td><td></td><td></td></tr>
<tr><td rowspan="3"></td><td></td><td></td><td></td><td></td><td rowspan="3"></td><td rowspan="3"></td></tr>
<tr><td></td><td></td><td></td><td></td></tr>
<tr><td></td><td></td><td></td><td></td></tr>
<tr><td rowspan="3"></td><td></td><td></td><td></td><td></td><td rowspan="3"></td><td rowspan="3"></td></tr>
<tr><td></td><td></td><td></td><td></td></tr>
<tr><td></td><td></td><td></td><td></td></tr>
<tr><td rowspan="3"></td><td></td><td></td><td></td><td></td><td rowspan="3"></td><td rowspan="3"></td></tr>
<tr><td></td><td></td><td></td><td></td></tr>
<tr><td></td><td></td><td></td><td></td></tr>
<tr><td colspan="7">实训总结：</td></tr>
</table>

实训七　摆式仪测定路面摩擦系数

一、目的和适用范围

本方法适用于以摆式摩擦系数测定仪测定沥青路面及水泥混凝土路面的抗滑值，用以评定路面在潮湿状态下的抗滑能力。

二、仪器与材料

(1)摆式仪(见图7-1)：摆及摆的连接部分总质量为(1 500 ±30)g，摆动中心至摆的中心距离为(410 ±5)mm，测定时摆在路面上滑动长度为(126 ±1)mm，摆在橡胶片端部距摆动中心的距离为508 mm，橡胶片对路面的正向静压力为(22.2 ±0.5)N。

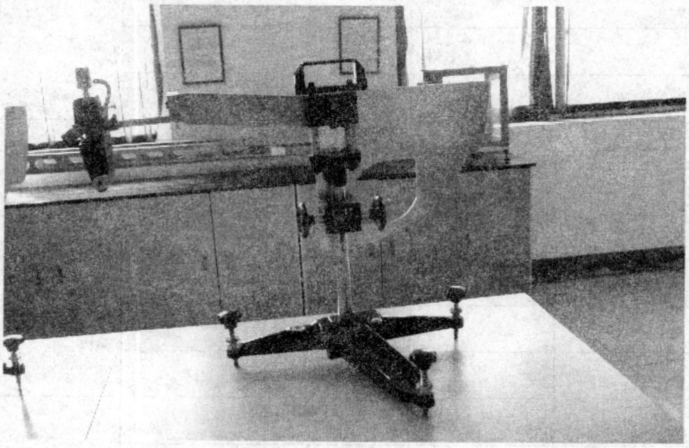

图7-1　摆式仪

(2)橡胶片：用于测定路面抗滑值时的尺寸为6.35 mm×25.4 mm×76.2 mm。橡胶的质量应符合表7-1的要求。当橡胶片使用后，端部在长度方向上磨损超过1.6 mm或边缘在宽度方向上磨耗超过3.2 mm，或有油污染时，即应更换新橡胶片，新橡胶片应先在干燥路面上测10次后再用于测试。橡胶片的有效使用期为1年。

表7-1　橡胶物理性质技术要求

性质指标	温度(℃)				
	0	10	20	30	40
弹性(%)	43～49	58～65	66～73	71～77	74～79
硬度	55±5				

(3)标准量尺：长126 mm。

(4)洒水壶。

(5)橡胶刮板。

(6)路面温度计:分度不大于1 ℃。

(7)其他:皮尺或钢卷尺、扫帚、粉笔等。

三、准备工作

(1)检查摆式仪的调零灵敏情况,并定期进行仪器的标定。当用于路面工程检查验收时,仪器必须重新标定。

(2)对测试路段按随机取样方法,决定测点所在横断面位置。测点应选在行车车道的轮迹带上,距路面边缘不应小于1 m,并用粉笔作出标记。测点位置宜紧靠铺砂法测定构造深度的测点位置,并与其一一对应。

四、试验步骤

(1)仪器调平。

①将仪器置于路面测点上,并使摆的摆动方向与行车方向一致。

②转动底座上的调平螺栓,使水准泡居中。

(2)调零。

①放松上、下两个紧固把手,转动升降把手,使摆升高并能自由摆动,然后旋紧紧固把手。

②将摆向右运动,按下安装于悬臂上的释放开关,使摆上的卡环进入开关槽,放开释放开关,摆即处于水平位置,并把指针抬至与摆杆平行处。

③按下释放开关,使摆向左带动指针摆动,当摆达到最高位置后下落时,用左手将摆杆接住,此时指针应指向零。若不指向零,可稍旋紧或放松摆的调节螺旋母,重复本项操作直至指针指零。调零允许误差为±1 BPN。

(3)校核滑动长度。

①用扫帚扫净路面表面,并用橡胶刮板清除摆动范围内路面上的松散粒料。

②让摆自由悬挂,提起摆头上的举升柄,降低坐上垫块置于定位螺丝下面,使摆头上的滑溜块升高。放松紧固把手,转动立柱上升降把手,使摆缓缓下降。当滑块上的橡胶片刚刚接触路面时,即将紧固把手旋紧,使摆头固定。

③提起举升柄,取下垫块,使摆向右运动。然后,手提举升柄使摆慢慢向左运动,直至橡胶片的边缘刚刚接触路面。在橡胶片的外边摆动方向设置标准尺,尺的一端正对准该点,再用手提起举手柄,使滑溜块向上抬起,并使摆继续运动至左边,使橡胶片返回落下再一次接触地面,橡胶片两次同路面接触的距离应在126 mm(即滑动长度)左右。当滑动长度不符合标准时,则升高或降低仪器底正面的调平螺丝来校正,但需调平水准泡,重复此项校核直至滑动长度符合要求,而后将摆和指针置于水平释放位置。

校核滑动长度时应以橡胶片长边刚刚接触路面为准,不可借摆的力量向前滑动,以免标定的滑动长度过长。

(4)用喷壶的水浇洒测试路面,并用橡胶刮板除表面泥浆。

(5)再次洒水,并按下释放开关,使摆在路面滑过,指针即可指示出路面的摆值。但第一次测定，不做记录。当摆杆回落时，用右手接住摆，右手提起举升柄使滑溜块升高，将摆向右运动，并使摆杆和指针重新置于水平释放位置。

（6）重复（5）的操作测定5次，并读记每次测定的摆值（即BPN），5次数值中最大值与最小值的差值不得大于3 BPN。若差数大于3 BPN，应检查产生的原因，并再次重复上述各项操作，直至符合规定。取5次测定的平均值作为每个测点路面的抗滑值（即摆值 F_B），取整数，以BPN表示。

（7）在测点位置上用路表温度计测记潮湿路面的温度，准确至1 ℃。

（8）按以下方法，同一处平行测定不少于3次，3个测点均位于轮迹带上，测点间距3～5 m。该处的测点位置以中间测点的位置表示。每一处均取3次测定结果的平均值作为试验结果，准确至1 BPN。

五、数据处理

当路面温度为 T（℃）时测得的值为 F_{BT}，必须按下式换算成标准温度20 ℃的摆值 F_{B20}：

$$F_{B20} = F_{BT} + \Delta F$$

式中 F_{B20}——换算成标准温度20 ℃时的摆值，BPN；

F_{BT}——路面温度 T 时测得的摆值，BPN；

T——测定的路表潮湿状态下的温度，℃；

ΔF——温度修正值，按表7-2选用。

表7-2 温度修正值

温度 T（℃）	0	5	10	15	20	25	30	35	40
温度修正值 ΔF	−6	−4	−3	−1	0	+2	+3	+5	+7

六、报告

（1）测试日期、测定位置、天气、洒水后潮湿路面的温度，并描述路面的类型、外观、结构类型等。

（2）列表逐点报告路面抗滑的测定值 F_{BT}、经温度修正后的 F_{B20} 及3次测定的平均值。

（3）每一个评定路段路面抗滑值的平均值、标准值、变异系数。

实训报告八

日期：________班级：________组别：________姓名：________学号：________

实训题目	摆式仪测定路面摩擦系数	成绩	
实训目的			
主要仪器			

测点位置或桩号	摆值						测点摆值	修正后摆值
	1	2	3	4	5	平均		

实训总结：

实训八　沥青路面渗水试验方法

一、目的和适用范围

本方法适用于路面渗水仪测定沥青路面的渗水系数。

二、仪器与材料

(1)路面渗水仪(见图 8-1):上部盛水量筒由透明有机玻璃制成,容积 600 mL,上有刻度,在 100 mL 及 500 mL 处有粗标线,下方通过ϕ10 mm 的细管与底座相接,中间有一开关。量筒通过支架联结,底座下方开口内径 150 mm,外径 165 mm。仪器附压重铁圈两个,每个质量约 5 kg,内径 160 mm。

(2)水桶及大漏斗。

(3)秒表。

(4)密封材料:玻璃腻子、油灰或橡皮泥。

(5)其他:水、红墨水、粉笔、扫帚等。

图 8-1　路面渗水仪

三、准备工作

(1)在测试路段的行车道上,按随机取样方法选择测试位置,每一个检测路段应测定 5 个测点,用扫帚清扫表面,并用粉笔画上测试标记。

(2)在洁净的水桶内滴入几点红墨水,使水呈淡红色。

(3)装好路面渗水仪。

四、试验步骤

(1)将清扫后的路面用粉笔按测试仪器底座大小画好圆圈记号。

(2)在路面上沿底座圆圈抹一薄层密封材料,边涂边用手压紧,使密封材料嵌满缝隙且牢固地黏结在路面上,密封料圈的内径与底座内径相同,约 150 mm。将组合好的渗水试验仪底座用力压在路面密封材料圈上,再加上压重铁圈压住仪器底座,以防止水从底座与路面间流出。

(3)关闭细管下方的开关,向仪器的上方量筒中注入淡红色的水至满,总量为 600 mL。

(4)迅速将开关全部打开,水开始从细管下部流出,待水面下降 100 mL 时,立即开动秒表,每间隔 60 s,读记仪器管的刻度一次,至水面下降 500 mL。测试过程中,若水从底座与密封材料间渗出,说明底座与路面密封不好,应移至附近干燥路面处重新操作。若水面下降速度很慢,从水间下降至 100 mL 开始,测得 3 min 的渗水量即可停止。当试验时水面下降至一定程度后基本保持不动,说明路面基本不透水或根本不透水,应在报告中注明。

(5)按以上步骤在同一个检测路段选择 5 个测点测定渗水系数,取其平均值,作为检测结果。

五、数据处理

沥青路面的渗水系数计算时以水面从 100 mL 下降至 500 mL 所需的时间为标准，若渗水时间过长，亦可采用 3 min 通过的水量计算：

$$C_w = \frac{V_2 - V_1}{t_2 - t_1} \times 60$$

式中 C_w——路面渗水系数，mL/min；

V_1——第一次读数时的水量，mL，通常为 100 mL；

V_2——第二次读数时的水量，mL，通常为 500 mL；

t_1——第一次读数时的时间，s；

t_2——第二次读数时的时间，s。

六、报告

列表逐点报告每个检测路段各个测点的渗水系数及 5 个测点的平均值、标准差、变异系数。若路面不透水，则在报告中注明为 0。

实训报告九

日期:________班级:________组别:________姓名:________学号:________

实训题目	路面渗水系数试验记录							成绩	
实训目的									
主要仪器									
测点位置或桩号	量筒读数							渗水系数	备注
	0	30″	1′	1′30″	2′	2′30″	3′		

实训总结:

参 考 文 献

[1] 中华人民共和国交通部. JTG F10—2006 公路路基施工技术规范[S]. 北京:人民交通出版社,2006.
[2] 中华人民共和国交通部. JTG F80/1—2004 公路工程质量检验评定标准[S]. 北京:人民交通出版社,2004.
[3] 中华人民共和国交通部. JTG E40—2007 公路土工试验规程[S]. 北京:人民交通出版社,2007.
[4] 中华人民共和国交通部. JTG B01—2003 公路工程技术标准[S]. 北京:人民交通出版社,2004.
[5] 中华人民共和国交通部. JTG F30—2003 公路水泥混凝土路面施工技术规范[S]. 北京:人民交通出版社,2003.
[6] 中华人民共和国交通部. JTJ 034—2000 公路路面基层施工技术规范[S]. 北京:人民交通出版社,2000.